Immer nur Du

Immer nur Du

Aus den »Preisungen Dawids«, verdeutscht von
Martin Buber
Aquarelle aus Israel von
Andreas Felger

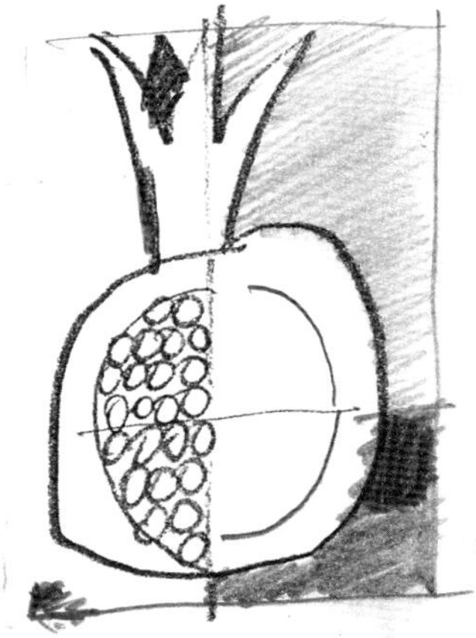

Präsenz

Inhalt

Transparente der Freude
Geleitwort von Oliver Kohler
9

Zu den Bergen hebe ich meine Augen
14

Segne, meine Seele, IHN
17

O Glück
21

Ich freute mich, als man zu mir sprach
22

Jubelt, ihr Bewährten
25

Meine Stimme zu IHM – ich schreie
29

Zu dir habe ich meine Augen erhoben
30

Preiset oh IHN
33

Ich minne dich, DU meine Stärke
40

Schmettert Gotte zu, alles Erdreich
47

Schmettert IHM zu, alles Erdreich
51

Danket IHM, denn er ist gütig
52

Zollt IHM, Gottessöhne, zollt IHM Ehre und Macht
58

Antworte dir ER
63

DU, du erforschest mich und du kennst
67

שמע ישראל יהוה אלהינו
ואהבת את יהוה אלהיך
ובכל־מאדך׃ והיו הדברים
היום על־לבבך׃ ושננתם
בביתך

Transparente der Freude
Geleitwort von Oliver Kohler

Mit sich selbst allein verkümmert der Mensch. Geht er aber in einer Begegnung, in einer Beziehung aus sich heraus, so kommt er gerade darin bei sich an.
Um diesen grundlegenden Zusammenhang kreiste das Denken des jüdischen Gelehrten und Sprachkünstlers Martin Buber (1878–1965). Erst durch ein Gegenüber, ein Du, findet das Ich des Menschen zu sich selbst. Nirgends ereignet sich die Begegnung von Ich und Du intensiver und beglückender als im Gespräch der Worte und der Gesten. Der Mensch ist auf solche Zwiesprache angelegt. Martin Bubers Sicht heißt darum das „dialogische Prinzip". Dieser Dialog hat noch eine besondere Dimension: der Gott der Bibel bleibt nicht stumm. Er redet den Menschen mit Worten und Gesten an. Er spricht ihm seine Nähe zu. Geschöpf und Schöpfer werden zu „Ich" und „Du".
Das Gespräch zwischen Gott und dem Menschen war Martin Buber sehr wichtig. Er schreibt einmal: „Wäre Gott einer, von dem man reden kann, würde ich nicht glauben. Weil er aber ein Gott ist, zu dem man und mit dem man reden kann, deshalb glaube ich an ihn."

Von Gott angesprochen wissen sich die Menschen der Bibel. Auf vielfältige Weise geben sie Antwort. Die Psalmen sind eine einzigartige Sammlung solcher Zwiesprache mit Gott. Der Jubel über ein unverhofftes Geschenk kommt in ihnen zur Sprache und die ratlose

Klage eines Leidenden. Lieder trotziger Hoffnung sind die Psalmen und zugleich Mitteilungen zarten Vertrauens. Diese Quellen des Dialogs zwischen Gott und den Menschen hat Martin Buber gesucht. Seit 1925 arbeitete er zusammen mit Franz Rosenzweig an einer Übersetzung der Heiligen Schrift ins Deutsche. So entstand auch „Das Buch der Preisungen", ein Psalter, dessen ungewöhnliche und unverbrauchte Sprache neues Staunen wachruft.

Wecken die „Preisungen" das Ohr des heutigen Menschen, so öffnen die Aquarelle von Andreas Felger seine Augen für die vielfarbige Landschaft der Bibel. Gottes Anrede meint ja immer den Menschen in seiner Ganzheit: seine Zeit und sein Land, seine Mitmenschen und seine Sprache. Dem allen hat Andreas Felger mit Pinsel und Palette nachgespürt. Den schroffen Kontrast dunkelgrüner Pinien vor dem glutigen Rot des Mose-Berges am Sinai zeigt seine Malerei und die ineinander verschmelzenden, lichten Hügel einer „Blütezeit in Jerusalem". Die knorrigen Bäume mit ihrem flirrenden Grün vor dem „Gästehaus St. Katharina" und die schweigende Einöde der Wüste umreißen den weitgespannten Raum, in dem die „Preisungen" entstanden. Die Zwiesprache mit Gott ist niemals abgerissen. Das Titelbild mit dem siebenarmigen Leuchter, mit Granatapfel, mit den Zweigen des Lulav und der gelben Zitrusfrucht Etrog – beide gehören zum Laubhüttenfest –, mit Shofarhorn und Davidsstern erinnern ebenso an diese Beständigkeit wie die Gruppe orthodoxer Juden an der Klagemauer. Immer sind die Aquarellbogen Andreas Felgers durchdrungen von der Sonne Israels. Dadurch werden sie zu Transparenten der Freude.

Der heutige Leser kann Martin Bubers „Preisungen“ nur mit Ergriffenheit lesen. „Verdeutschung“ nannte Buber selbst seine Übertragung. Die in hebräischer Sprache niedergeschriebenen Gebete und Lieder der Psalmen goß der jüdische Denker in die deutsche Sprache. Die Besonderheiten des hebräischen Originals in Satzbau, Rhythmus und Wortwahl weitmöglichst zu erhalten, war eines der Ziele Martin Bubers. Damit ermöglichte er gerade den deutschen Lesern einen unmittelbaren Zutritt zu den biblischen Quellen. Sprache und Denken sind unauflösbar miteinander verknüpft. Die „Preisungen“ erschließen deshalb auch die Gedankenwege der jüdischen Beter. Zugleich weiten diese Psalmen den Klang und den Bedeutungsraum deutscher Wörter. Diese Verse sind auch ein ästhetisches Ereignis und ein bemerkenswertes Beispiel biblisch inspirierter Kunst des zwanzigsten Jahrhunderts. Neue, ungewohnte und gerade darin beglückend schöne Wortbildungen führen über die Fremdheit und Verunsicherung einer ersten Lektüre in einen Sprachraum voller Lebendigkeit.
Bubers kunstvolle Übersetzung ist eine markante Station auf dem Weg der jüdisch-abendländischen Begegnung und Verschmelzung bis zu jenem Tag, an dem das Deutsche zur Sprache der Spötter, der Verfolger und der Henker wurde. Qualvoll lange Jahre des Unrechts folgten. Dann aber bauten die Entronnenen an einer Brücke der Verständigung. Hiob öffnete sein Haus. Das erneut einsetzende Gespräch zwischen dem jüdischen und dem deutschen Volk zählt zu den wunderbarsten Unbegreiflichkeiten der Geschichte.

Ausdruck dieser Begegnung ist auch das vorliegende Buch. Der jüdische Gelehrte und der deutsche Maler finden einander im Land der Bibel. Martin Buber lebte von 1938 bis zu seinem Tod (1965) in Jerusalem. Diese Stadt inspiriert das Schaffen von Andreas Felger immer aufs neue. Beide sehen das menschliche Leben auf Zwiesprache, auf Dialog hin angelegt. Sie wissen diese Welt und sich selbst angesprochen vom lebendigen Gott. Und sie glauben an sein alle Tage und jede Stunde für uns geöffnetes Ohr. Martin Bubers Psalmenübertragungen und die Aquarelle von Andreas Felger sind dem Du Gottes auf der Spur.
Ein altes Gebetslied, das Martin Buber überliefert hat, lädt ein, diesem Du zu vertrauen:

Wo ich gehe – du!
Wo ich stehe – du!
Nur du, wieder du, immer du!
Du, du, du!
Ergeht's mir gut – du!
Wenn's weh mir tut – du!
Nur du, wieder du, immer du!
Du, du, du!
Himmel – du, Erde – du,
Oben – du, unten – du,
Wohin ich mich wende, an jedem Ende
Nur du, wieder du, immer du!
Du, du, du!

Psalm 121

Ein Aufsteiggesang.

Zu den Bergen hebe ich meine Augen:
woher wird meine Hilfe kommen?
Meine Hilfe ist von Ihm her,
der Himmel und Erde gemacht hat.
Nimmer gebe deinen Fuß er dem Wanken,
nimmer schlummre dein Hüter!
Wohl, nicht schlummert, nicht schläft er,
der Hüter Jifsraels.

Er ist dein Hüter,
Er ist dein Schatten
über deiner rechten Hand.
Tags schlägt dich nicht die Sonne
noch Mond bei Nacht.
Er hütet dich vor allem Bösen,
hütet deine Seele.
Er hütet deine Ausfahrt und Heimfahrt
von jetzt an bis hin in die Zeit.

1985

Psalm 103

Von Dawid.

Segne, meine Seele, Ihn,
all mein Innres, seiner Heiligung Namen!
Segne, meine Seele, Ihn,
und vergiß nimmer, was all er fertigte dir:
der all dein Fehlen verzeiht,
der all deine Erkrankung heilt,
der dein Leben aus der Grube erkauft,
der mit Huld und Erbarmen dich krönt,
der deine Reife sättigt mit Gutem,
daß sich wie des Adlers deine Jugend erneut!

Er wirkt Bewahrheitungen,
Rechtfertigungen allen Bedrückten.
Seine Wege gab er Mosche zu wissen,
den Söhnen Jifsraels sein Handeln:
erbarmend und gönnend ist Er,
langmütig und reich an Huld,
nicht streitet er in die Dauer,
nicht trägt in die Zeit hin er nach.

Nicht nach unsern Sünden wirkt er an uns,
nicht nach unsern Fehlern fertigt ers uns,
sondern wie hoch Himmel über der Erde,
ist seine Huld den ihn Fürchtenden überlegen,
wie fern Aufgang von Abend,
entfernt er von uns unsre Abtrünnigkeiten.
Wie ein Vater sich der Kinder erbarmt,
erbarmt sich Er der ihn Fürchtenden.

Denn er ists, der weiß um unser Gebild,
eingedenk, daß wir Staub sind.

Das Menschlein, wie des Grases sind seine Tage,
wie die Blume des Feldes, so blühts:
wenn der Wind drüber fährt, ist sie weg,
und ihr Ort kennt sie nicht mehr.
Aber SEINE Huld,
von Weltzeit her und für Weltzeit
ist über den ihn Fürchtenden sie,
seine Bewährung für Kinder der Kinder
denen, die seinen Bund hüten,
denen, die seiner Verordnungen gedenken,
sie auszuwirken.

ER hat seinen Stuhl im Himmel errichtet,
und sein Königtum waltet des Alls.
Segnet IHN, ihr seine Boten
– starke Helden, Werker seiner Rede –,
im Horchen auf den Schall seiner Rede!
Segnet IHN, ihr all seine Scharen,
die ihm amten, Werker seines Gefallens!
Segnet IHN, ihr all seine Werke
an allen Orten seines Waltens!
Segne, meine Seele, IHN!

Blütezeit
bei Jerusalem

Psalm 1

O Glück des Mannes,
der nicht ging im Rat der Frevler,
den Weg der Sünder nicht beschritt,
am Sitz der Dreisten nicht saß,
sondern Lust hat an Seiner Weisung,
über seiner Weisung murmelt tages und nachts!
Der wird sein
wie ein Baum, an Wassergräben verpflanzt,
der zu seiner Zeit gibt seine Frucht
und sein Laub welkt nicht:
was alles er tut, es gelingt.
Nicht so sind die Frevler,
sondern wie Spreu, die ein Wind verweht.
Darum bestehen Frevler nicht im Gericht,
Sünder in der Gemeinde der Bewährten.
Denn Er kennt den Weg der Bewährten,
aber der Weg der Frevler verliert sich.

Psalm 122

Ein Aufstiegsgesang Dawids.

Ich freute mich, als man zu mir sprach:
„Zu Seinem Haus wollen wir gehn!"
Stehn geblieben sind unsre Füße
in deinen Toren, Jerusalem.

Jerusalem du, auferbaut
als eine Stadt, die in sich verfugt ist zusamt,
da hinauf dort die Stäbe ziehn,
die Volksstäbe oh Sein,
Bezeugung an Jifsrael ists,
Seinem Namen zu danken.
Ja, dorthin sind Stühle gesetzt fürs Gericht,
Stühle für Dawids Haus.

Erwünschet den Frieden Jerusalems:
Die dich lieben, seien befriedet!
Friede sei in deiner Umwallung,
Zufriedenheit in deinen Palästen!
Um meiner Brüder, meiner Genossen willen
will ich Frieden doch erreden für dich,
um Seines, unsres Gottes, Hauses willen
will ich um Gutes ansuchen für dich.

Psalm 33

Jubelt, ihr Bewährten, um Ihn!
Den Geraden ist Preisung geziemend.
Sagt Ihm Dank zur Leier,
auf zehnsaitiger Laute spielt ihm,
singt ihm einen neuen Gesang,
trefflich rührets zum Schmettern!

Denn gerade ist Seine Rede,
alles was er macht ist in Treuen.
Er liebt Wahrheit und Recht,
Seiner Huld ist das Erdreich voll.

Durch Seine Rede sind die Himmel gemacht,
durch den Hauch seines Munds all ihr Heer.
Die Meereswasser stapelt er staudammgleich,
gibt in Speicher die Wirbel.

Fürchten muß sich vor Ihm alles Erdreich,
vor ihm erschauern alle Siedler des Bodens!
Denn er ists der sprach und es ward,
er der gebot und es erstand.

Er zerbröckelt den Rat der Weltstämme,
erstickt die Pläne der Völker, –
Sein Rat, in die Zeiten besteht der,
seines Herzens Pläne für Geschlecht um Geschlecht.

O Glück des Stammes, dem Er Gott ist,
des Volks, das er zu eigen sich wählte!

Vom Himmel nieder blickt Er,
er sieht alle Adamskinder,
von der Feste seines Sitzes beschaut er
alle Siedler der Erde,
der ihr Herz bildet zumal,
der unterscheidet all ihre Gemächte.

Keine Befreiung wird dem König
durch die Fülle der Heermacht,
der Held wird nicht errettet
durch die Fülle der Kraft,
Täuschung ist das Roß zur Befreiung,
durch seine Machtfülle hilfts nicht entschlüpfen.

Da, Sein Augenmerk ist
auf die ihn Fürchtenden,
die seiner Huld Harrenden,
ihre Seele vom Tode zu retten,
sie in Hungersnot am Leben zu halten.

Unsre Seele wartet Ihm zu,
er ist uns Hilfe, uns Schild.
Ja, an ihm freut sich unser Herz,
denn an seinem Heiligungsnamen
haben wir uns gesichert.

Sei deine Huld, Du, über uns,
gleichwie wir geharrt haben dein!

Psalm 142

Eine Eingebungsweise Dawids, als er in der Höhle war, ein Gebet.

Meine Stimme zu Ihm – ich schreie,
meine Stimme zu Ihm – ich flehe.
Ich schütte vor ihn meine Klage,
meine Drangsal melde ich vor ihm:
Wann in mir mein Geist verzagt,
du bists doch, der meine Bahn weiß.
Auf dem Pfad, den ich soll gehn,
haben sie mir den Sprenkel gelegt.
Blicke zur Rechten und sieh,
keiner ist, der mich anerkennt,
die Zuflucht ist mir verloren,
nach meiner Seele fragt keiner.
Zu dir habe ich aufgeschrien, Du,
habe gesprochen: »Du bist meine Bergung,
mein Teil im Lande des Lebens«.
Merke auf mein Jammern,
denn sehr schwach bin ich worden!
Rette mich vor meinen Verfolgern,
denn sie wurden mir überstark!
Hole aus dem Verschluß meine Seele,
deinem Namen zu danken!
Um mich werden die Bewährten sich scharen,
weil dus zufertigst für mich.

Psalm 123

Ein Aufstiegsgesang.

Zu dir habe ich meine Augen erhoben,
der in den Himmeln thront!
Wohl, wie die Augen von Knechten
auf die Hand ihres Herrn,
wie die Augen einer Magd
auf die Hand ihrer Gebietrin,
so unsere Augen
auf Ihn unseren Gott,
bis er uns Gunst leiht.

Gunst leihe, leihe uns, Du,
denn satt genug wurden wir der Verachtung,
zur Genüge satt ward unsre Seele
des Spottes der Wohlgemuten,
der Verachtung der Hochfahrenden.

Psalm 106

Preiset oh Ihn!

Danket Ihm, denn er ist gütig,
denn in Weltzeit währt seine Huld.

Wer raunte Seine Gewalten aus,
ließe all seine Preisung hören!

O Glück ihrer, die hüten das Recht,
sein, der allstündlich Bewährung übt!

Denk mein, Du, bei deines Volkes Begnadung,
ordne dein Befreien mir zu,
anzusehn das Gut deiner Erwählten,
mich zu erfreun an der Freude deines Stamms,
mich zu preisen zusamt deinem Eigen!

Gesündigt haben wir zusamt unsern Vätern,
haben uns verfehlt, haben gefrevelt.

Unsre Väter in Ägypten,
nicht haben sie deine Wunder begriffen,
nicht gedacht der Fülle deiner Hulden. –

Sie widerstrebten beim Meer schon, am Schilfmeer,
aber um seines Namens willen befreite er sie,
seine Gewalt erkennen zu lassen.
Er beschalt das Schilfmeer und es ward trocken,
er ließ durch die Wirbel sie gehn wie durch Wüste,
er befreite sie aus der Hand des Hassers,
er löste sie aus der Hand des Feindes,
die Wasser deckten ihre Bedränger,
es überblieb nicht einer von ihnen.

Da vertrauten sie seinen Worten,
sangen sie seinen Preis.

Schnell vergaßen sie seine Taten,
wollten seinem Ratschluß sich nicht gedulden,
begehrlich gierten sie in der Wüste,
sie prüften in der Öde den Gottherrn,
und er gab ihnen ihr Geheisch,
aber er schickte an ihre Seele die Darre.
Sie eiferten gegen Mosche im Lager,
gegen Aharon, IHM geheiligt,
die Erde öffnete sich, schlang Datan ein,
überdeckte die Gemeinde Abirams,
Feuer zündete in ihre Gemeinde,
Lohe verloderte die Frevler.

Sie machten am Choreb ein Kalb
und warfen vorm Gußbild sich nieder,
sie tauschten ihre Ehre
gegen die Gestalt eines Rindes, das Kraut frißt,
vergaßen den Gottherrn, ihren Befreier,
der Großes tat in Ägypten,
Wunderbares im Lande Chams,
Furchtbares am Schilfmeer.
Und schon sprach er, sie zu vertilgen,
wäre nicht Mosche, sein Erwählter, gewesen:
er trat vor ihn in die Bresche,
abzukehren seinen Grimm vom Verderben.

Sie mißachteten das köstliche Land,
vertrauten nicht seiner Rede,
sie hetzten in ihren Zelten,
hörten nicht auf SEINE Stimme,

und er hob seine Schwurhand ihnen zu,
sie in der Wüste zu fällen
und ihren Samen unter die Erdstämme zu fällen
und sie in die Länder zu worfeln.

Sie verjochten sich dem Baal von Por,
sie aßen Schlachtopfer für Tote,
sie verdrossen mit ihren Sitten,
und der Niederstoß brach in sie ein.
Aber Pinchas trat hin, schlug sich ins Mittel,
und der Niederstoß wurde gehemmt,
und das ward ihm zur Bewährung geachtet
für Geschlecht um Geschlecht in die Zeit.
Sie ergrimmten ihn am Wasser von „Gezänke“,
daß ihrethalb Mosche über geschah,
denn sie erbitterten ihm den Geist
und er verwog sich mit seinen Lippen.

Sie tilgten die Völker nicht,
von denen Er gesprochen hatte zu ihnen,
sie vermischten sich den Stämmen,
sie lernten ihre Taten,
sie dienten ihren Schnitzdocken
und die wurden ihnen zur Schlinge:
sie schlachteten ihre Söhne
und ihre Töchter den Wichten,
sie vergossen unsträfliches Blut,
Blut ihrer Söhne und Töchter,
die sie schlachteten Kanaans Docken,
daß das Land entartete durch Blutschuld,
sie bemakelten sich mit ihren Taten,
sie verhurten sich mit ihren Sitten.

SEIN Zorn entflammte gegen sein Volk,
und er vergreuelte sein Eigentum.
Er gab sie in der Erdstämme Hand,
ihre Hasser durften über sie walten,
ihre Feinde klemmten sie ein,
unter deren Hand wurden sie niedergezwungen.
Er rettete sie viele Male,
sie aber widerstrebten ihm mit ihrem Ratschluß,
und sie wurden ausgemergelt durch ihren Fehl.
Er aber sah auf ihre Bedrängnis,
wann er ihr Jammern hörte,
und gedachte ihnen seines Bunds
und ließ es leid werden sich
nach der Fülle seiner Hulden
und gab ihnen, Erbarmen zu finden
vor all ihren Fängern.

Befreie uns, DU, unser Gott,
aus den Erdstämmen hole uns zuhauf,
deiner Heiligkeit Namen zu danken,
uns deiner Preisung zu rühmen.

Gesegnet ER,
der Gott Jifsraels,
von der Weltzeit her und für die Weltzeit!
Und alles Volk spreche: Jawahr!
Preiset oh Ihn!

Totes Meer

Psalm 18

Des Chormeisters.
Von Seinem Knecht, von Dawid,
der zu Ihm die Worte dieses Gesangs redete
am Tag, da Er ihn vor dem Griff all seiner Feinde und
vor der Hand Schauls gerettet hatte,
er sprach:

Ich minne dich,
Du, meine Stärke!
Du, mein Schroffen, meine Bastei,
und der ich entrinnen macht,

mein Gott, mein Fels, an dem ich mich berge,
mein Schild, Horn meiner Freiheit,
mein Steilhorst!
Gepriesen, rufe ich, Er,
schon bin ich von meinen Feinden befreit.

Mich umfingen Stricke des Todes,
Sturzbäche Unheils umgrausten mich,
Stricke des Gruftreichs umrangen mich,
mich überraschten Schlingen des Tods.
Da mir angst war, rufe ich Ihn,
ich schreie zu meinem Gott:
von seiner Halle hört er meine Stimme,
mein Schrei zu seinem Antlitz kommt in seine Ohren.

Da schütterte, zitterte die Erde,
die Gründe der Berge erbebten,
erschüttert, denn auf flammte er.
Hoch entstieg Dampf seiner Nase,

März
1989

Feuer fraß aus seinem Mund,
Kohlengluten zündeten draus.

Er neigte die Himmel, fuhr nieder,
Wetterdunkel ihm unter den Füßen,
er ritt auf dem Cherub, flog an,
schoß herab auf Schwingen des Sturms.
Finsternis setzt er als sein Versteck
rings um sich, als seine Verschirmung,
Finsterkern der Wasser,
Dichtgewölk der Lüfte,
von dem Schein vor ihm her
verwallte sein Gewölk, –
Hagel und Feuerkohlen!

So donnert im Himmel ER,
der Höchste gibt aus seine Stimme,
Hagel und Feuerkohlen,
seine Pfeile schickt er, sprengt sie um,
Blitze viel, tummelt sie hin.
Sichtig wurden die Betten des Wassers,
offenbar die Gründe des Lands,
von deinem Dräuen, DU,
vom Sturmanhauch deiner Nase. –

Er schickt von oben, er nimmt mich,
er enttaucht mich den vielen Wassern,
er entreißt mich meinem trotzigen Feind,
meinen Hassern, denn sie waren zu stark mir.
Sie überraschten mich am Tag meines Scheiterns,
aber ER ist mir zur Stütze geworden,
in die Weite hat er mich herausgeholt,
schnürt mich los, denn er hat an mir Lust.

ER läßt mirs reifen nach meiner Wahrhaftigkeit,
nach der Lauterkeit meiner Hände wendet er mir zu.
Ja, ich habe SEINE Wege gehütet,
von meinem Gott habe ich mich nicht fortgefrevelt.
All seine Rechtsgeheiße sind ja vor mir,
und seine Satzungen, ich lasse sie nicht von mir weichen
Schlicht bin ich bei ihm gewesen,
vor meinem Fehl habe ich mich behütet.

ER wandte mir zu nach meiner Wahrhaftigkeit,
nach der Lauterkeit meiner Hände vor seinen Augen. –
Mit dem Holden bist du hold,
mit dem schlichten Mann bist du schlicht,
mit dem Geläuterten bist du lauter,
aber mit dem Krummen bist du gewunden.
Ja, du bists, der gebeugtes Volk freimacht
und überhebliche Augen erniedert.
Ja, du bists, der meine Leuchte erhellt.
– ER, mein Gott, durchscheint meine Finsternis. –
Ja, mit dir berenne ich die Zinne,
mit meinem Gott erspringe ich die Schanze.
Der Gottherr, schlicht ist sein Weg,
schlackenlos ist SEIN Spruch,
ein Schild ist er allen, die sich an ihm bergen.

Ja, wer ist ein Gott außer IHM,
wer ein Fels neben unserem Gott!
dem Gottherrn, der mit Macht mich umpanzert
und schlicht zu werden gibt meinem Weg!

Er macht mir die Füße hindinnengleich,
auf meine Kuppen stellt er mich hin,
er belehrt meine Hände zum Kampf,

läßt meine Arme den Erzbogen spannen. –
Du gabst mir den Schild deiner Freiheit,
deine Rechte bestätigt mich,
deine Antwort macht mich reich.

Du weitest meinen Stapf unter mir,
meine Knöchel schwanken nicht mehr,
nachjag ich meinen Feinden, erreich sie,
wende nicht, bis sie vertilgt sind,
ich zerschmettre sie, daß empor sie nicht können,
sie fallen unter meine Füße.

Du panzerst mit Macht mich zum Kampf,
duckst unter mich, die wider mich sich empörten,
meiner Feinde gibst du den Nacken mir hin,
meiner Hasser, daß ich sie schweige. –
Sie schrein, doch da ist kein Befreier,
auf IHN zu, nicht antwortet er ihnen.
Ich zerreibe sie wie Staub vor dem Wind,
wie Gassenkot leere ich sie hin.

Aus des Volkes Fehden ließest du mich entrinnen,
zum Haupt von Stämmen setztest du mich ein.
Volk, das ich nicht kannte, sie dienen mir,
aufs Hören des Ohrs gehorchen sie mir,
Söhne der Fremde, sie schmeicheln mir,
Söhne der Fremde, sie zermürben,
aus ihren Schlössern schlottern sie herbei.

ER lebt!
gesegnet mein Fels!
erhaben der Gott meiner Freiheit,
der Gottherr, der mir Rächertum gab,
der Völker unter mich trieb,

vor meinen Feinden ließ mich entrinnen! –
Wohl, du enthebst mich den wider mich Empörten,
du entreißest mich dem Manne der Unbill.

Darum danke ich dir
unter den Erdstämmen, DU,
deinem Namen harfe ich:
der seinem König große Befreiungen schafft,
hold tut an seinem Gesalbten, an Dawid,
und an dessen Samen
auf Weltzeit.

Psalm 66

Des Chormeisters, ein Gesang, ein Harfenlied.

Schmettert Gotte zu, alles Erdreich!
harfet der Ehre seines Namens!
setzt als Ehrung ein seinen Preis!
Sprecht zu Gott:
„Wie furchtbar sind deine Taten!
Ob der Fülle deiner Macht
schmeicheln dir deine Feinde,
alles Erdreich, dir werfen sie sich hin,
harfen dir, harfen deinem Namen."
  Empor!

Geht, seht die Handlungen Gottes an,
über den Menschensöhnen er furchtbar am Werk!
der das Meer in Trockenes wandelt,
durch den Strom ziehn sie zu Fuß –
da freun wir uns sein!
der mit seiner Heldenkraft waltet in die Zeit,
auf die Weltstämme spähn seine Augen,
die Störrigen – nimmer dürfen sie sich überheben!
  Empor!

Segnet, Völker, unseren Gott,
laßt hören die Stimme seiner Preisung!
der unsre Seele setzte ins Leben
und nicht zugab, daß unser Fuß wanke! –
Wohl, geprüft hast du uns, Gott,
uns ausgeschmelzt, wie Silber man schmelzt:
du hast uns kommen lassen ins Verlies,
Marter uns gesetzt an die Hüften,

auf dem Kopf uns reiten lassen die Leute,
wir sind gekommen in Feuer und Wasser, –
aber herausgeführt hast du uns, ins Genügen.

Mit Darhöhungen in dein Haus will ich kommen,
zahlen will ich dir meine Gelübde,
was hervorstießen meine Lippen,
mein Mund redete, da ich bedrängt war,
will dir Darhöhungen von Fettschafen höhen
samt dem Aufrauchen von Widdern,
Rinder samt Böcken dir dartun.
  Empor!

Geht her, höret, ich will erzählen,
ihr Gott Fürchtenden alle,
was er meiner Seele getan hat!
Mit meinem Munde rief ich zu ihm,
Erhebung war mir unter der Zunge.
Hätte ichs in meinem Herzen auf Arg abgesehn,
nicht hören würde mein Herr,
jedoch Gott hat es gehört,
hat auf die Stimme meines Betens gemerkt.
Gesegnet Gott,
der mein Gebet nicht abwandte,
seine Huld nicht von mir!

Gebeinhaus
St. Katharina 29.3.

Psalm 100

Ein Harfenlied, zum Dankopfer.

Schmettert Ihm zu, alles Erdreich!
dienet Ihm in der Freude!
kommt mit Jubelruf vor sein Antlitz.

Erkennet, daß Er Gott ist,
er hat uns gemacht, er , wir sind sein,
sein Volk, Schafe seiner Weide.
Kommt in seine Tore mit Dank,
in seine Höfe mit Preisung!
dankt ihm, segnet seinen Namen!

Denn gütig ist Er,
in Weltzeit währt seine Huld,
für Geschlecht um Geschlecht seine Treue.

Psalm 118

Danket Ihm, denn er ist gütig,
denn in Weltzeit währt seine Huld!
Spreche doch Jifsrael:
Denn in Weltzeit währt seine Huld!
Spreche doch das Haus Aharons:
Denn in Weltzeit währt seine Huld!
Sprechen doch die Ihn Fürchtenden:
Denn in Weltzeit währt seine Huld!

Aus der Drangsal rief ich: Oh Er!
in der Weite gab mir Antwort oh Er.
Er ist für mich, ich fürchte nicht,
was kann ein Mensch mir tun!
Er ist für mich, meine Helferschaft, –
meine Hasser werde ich besehn.
Besser ists, sich bergen an Ihm,
als sich sichern an Menschen.
Besser ists, sich bergen an Ihm,
als sich sichern an Edeln.
Haben Erdstämme allerart mich umrungen,
mit Seinem Namen, wohl, kappe ich sie.
Haben sie mich umringt, ja umrungen,
mit Seinem Namen, wohl, kappe ich sie.

Haben sie mich umringt wie Bienen,
sie verschwelen wie Dornenfeuer,
mit Seinem Namen, wohl, kappe ich sie.
Gestoßen, hingestoßen ward ich zum Fallen,
aber Er hat mir aufgeholfen.

Mein Stolz und Saitenspiel ist oh Er,
und ward meine Freiheit.
Die Stimme des Jubels und der Befreiung
ist in den Zelten der Bewährten:
„SEINE Rechte tut Mächtiges!
SEINE Rechte ist erhoben,
SEINE Rechte tut Mächtiges!"
Ich sterbe nicht, nein, ich darf leben
und oh Seine Taten erzählen.
Gezüchtigt hat oh Er mich, gezüchtigt,
aber dem Sterben hat er mich nicht übergeben.

Öffnet mir die Tore der Wahrheit.
ich will in sie kommen, danken will ich oh Ihm!
Dies ist das Tor zu IHM,
Bewährte kommen darein.
Ich danke dir, daß du mich gebeugt hast
und wardst mir zur Befreiung.

Der Stein, den die Bauherrn verwarfen,
er ist zum Eckhaupt geworden.
Geworden ist dies von IHM her,
ein Wunder ist das vor unseren Augen.

Dieser ist der Tag, den ER aufgetan hat.
Jauchzen wir und freuen uns sein!

Ach doch, DU, befreie doch!
Ach doch, DU, laß doch gelingen!

Mit SEINEM Namen gesegnet, der kommt!
Aus SEINEM Hause segnen wir euch!

Gottherr ist ER und er leuchtete uns!

Haltet den Festreihn mit Seilen gebunden
bis an die Hörner der Schlachtstatt!

Mein Gottherr bist du,
ich will dir danken,
mein Gott,
ich will dich erheben.

Danket IHM, denn er ist gütig,
denn in Weltzeit währt seine Huld.

MISRACH
ETROG
1989

Psalm 29

Ein Harfenlied Dawids.

Zollt Ihm, Göttersöhne,
zollt Ihm Ehre und Macht!
zollt Ihm seines Namens Ehre,
werft euch Ihm im Erglänzen der Heiligung hin!

Sein Schall ist über den Wassern,
der Gott der Ehre hat gedonnert,
Er über den vielen Wassern.
Sein Schall ist in der Kraft,
Sein Schall ist in dem Glanz,
Sein Schall bricht Zedern entzwei,
zerbrochen hat Er die Libanonzedern.
Wie ein Kalb läßt er sie hüpfen,
Libanon und Sfirjon wie ein Wisentjunges.
Sein Schall haut Feuerlohen aus,
Sein Schall macht die Wüste sich winden,
sich winden, Er, die Wüste von Kadesch.
Sein Schall macht die Hindinnen kreißend sich win
und er schält die Wälder ab.
Und in seiner Halle
spricht alles: Ehre!

Er thronte schon über der Flut,
als König thront Er in Weltzeit.
Er wird Wehr seinem Volke geben,
Er wird sein Volk segnen mit Frieden.

Granatapfel
Falken 85

Psalm 20

Des Chormeisters,
ein Harfenlied Dawids.

Antworte dir Er
am Tage der Drangsal,
Horst sei dir
der Name von Jaakobs Gott!
Er sende dir Hilfe
vom Heiligtum her,
vom Zion her bestätige er dich!
Er nehme an den Gedenkteil
all deiner Hinleitspenden,
von deiner Darhöhung
die Aschenhebe noch!
  Empor!

Er gebe dir
nach deinem Herzen,
und all deinen Ratschluß
erfülle er!
Jubeln wollen wir
in deiner Befreiung,
im Namen unsres Gottes
Fahnen schwingen.
Er erfülle
all deine Wünsche!

Jetzt weiß ich,
daß ER befreit
seinen Gesalbten,
ihm antwortet
vom Himmel seiner Heiligkeit,
mit den Heldenkräften
seiner befreienden Rechten.
Diese da des Fahrzeugs
und diese da der Rosse,
wir aber –
des Namens SEIN, unsres Gottes,
gedenken wir.
Jene knicken ein, fallen,
wir aber,
wir erstehn und überdauern.

Befreie, DU,
o König, der antwortet uns
am Tag unseres Rufens!

St. Katharina März 1989
A Felger

Psalm 139

Des Chormeisters,
von Dawid, ein Harfenlied.

Du,
du erforschest mich und du kennst,
du selber kennst mein Sitzen, mein Stehn,
du merkst auf mein Denken von fern,
meinen Pfad und meine Rast sichtest du,
in all meinen Wegen bist du bewandert.
Ja, kein Raunen ist mir auf der Zunge,
da, schon erkannt, Du, hast dus allsamt.
Hinten, vorn engst du mich ein,
legst auf mich deine Faust.
Zu sonderlich ist mir das Erkennen,
zu steil ists, ich übermags nicht.

Wohin soll ich gehn vor deinem Geist,
wohin vor deinem Antlitz entlaufen!
Ob ich den Himmel erklömme, du bist dort,
bettete ich mir im Gruftreich, da bist du.
Erhübe ich Flügel des Morgenrots,
nähme Wohnung am hintersten Meer,
dort auch griffe mich deine Hand,
deine Rechte faßte mich an.
Spräche ich: „Finsternis erhasche mich nur,
Nacht sei das Licht um mich her!“,
auch Finsternis finstert dir nicht,
Nacht leuchtet gleichwie der Tag,
gleich ist Verfinsterung, gleich Erleuchtung.

Ja, du bists,
der bereitete meine Nieren,
mich wob im Leib meiner Mutter!
Danken will ich dir dafür,
daß ich furchtbar bin ausgesondert:
sonderlich ist, was du machst,
sehr erkennts meine Seele.
Mein Kern war dir nicht verhohlen,
als ich wurde gemacht im Verborgnen,
buntgewirkt im untersten Erdreich,
meinen Knäul sahn deine Augen,
und in dein Buch waren all sie geschrieben,
die Tage, die einst würden gebildet,
als aber war nicht einer von ihnen.
Und mir
wie köstlich, Gottherr, sind deine Gedanken,
ihre Hauptstücke wie kernkräftig!
ich will sie buchen, ihrer wird mehr als des Sands! –
Ich erwache: noch bin ich bei dir.

O daß du, Gott, umbrächtest den Frevler:
„Ihr Blutmänner, weichet von mir!",
sie, die dich zu Ränken besprechen,
es hinheben auf das Wahnhafte, deine Gegner!
Hasse ich deine Hasser nicht, Du,
widerts mich der dir Aufständischen nicht?
ich hasse sie mit der Allheit des Hasses,
mir zu Feinden sind sie geworden.
Erforsche, Gottherr, mich, kenne mein Herz,
prüfe mich, kenne meine Sorgen,
sieh, ob bei mir Weg der Trübung ist,
und leite mich auf dem Wege der Weltzeit!

ST. Katharina
Falger 1984

Die Aquarelle und Zeichnungen

Sch'ma Israel
7

Judäische Wüste
15

Blütezeit bei Jerusalem
19

Altstadt von Jerusalem
23

An der Klagemauer
27

Jerusalem, Misttor
31

Totes Meer
37

Vor der Klagemauer
39

Mizpe Ramon
41

St.Katharina am Horeb, Gebeinhaus
49

Misrach
55

St.Katharina
57

Im Sinai
59

Granatapfel
61

Eingangstor von St.Katharina
65

Berg Horeb und St.Katharina
69

CIP-Titelaufnahme der Deutschen Bibliothek
Immer nur Du: aus den »Preisungen Dawids«/
verdeutscht von Martin Buber. Mit Aquarellen aus Israel
von Andreas Felger. - Hünfelden-Gnadenthal Präsenz-
Verl.,1989
Einheitssacht.: Psalmi ‹dt.›
ISBN 3-87630-485-7
NE: Buber, Martin [Übers.]; Felger, Andreas [Ill.]; EST

Buchdesign: Wolfram Heidenreich, Mainz
Fotografie: Achim Feld, Stuttgart (Seite 7)
Satz: Jung SatzCentrum, Lahnau
Reproduktionen: Scan-Repro H.Jaenecke, Hünfelden
Druck: Probst Offsetdruck KG, Villingen-Schwenningen
Buchbindearbeiten: Heinr. Koch, Tübingen
Printed in Germany

3-87630-485-7
Präsenz-Verlag, Gnadenthal, D-6257 Hünfelden,
1989, 2. Auflage 1990

89